Perfekte Partyhäppchen

von S…

Fotos von …

Bassermann Inspiration

Inhalt

Partyhäppchen

Überraschen und begeistern Sie Ihre Gäste bei einem Umtrunk oder einem Essen mit köstlichen Mini-Sandwichs, Kanapees, Häppchen und Spießen.

In diesem Buch finden Sie zahlreiche einfache, raffinierte und leckere Rezepte, die Ihnen eine Grundlage vermitteln, die Sie nach Belieben und Geschmack auch abwandeln können. So lassen sich originelle kleine Appetithappen für einen Umtrunk, als Aperitif vor dem Essen oder als Fingerfood für einen geselligen Abend mit Freunden zubereiten.

In 5 Schritten zu den perfekten Mini-Sandwichs, Häppchen & Spießen

Verwenden Sie möglichst verschiedene Zutaten, um unterschiedliche Aromen, Texturen und Farben ins Spiel zu bringen.

Für Mini-Sandwichs können Sie unterschiedliche Brotsorten verwenden, die Sie vorher rösten, damit sie knusprig braun werden. Brotreste nicht wegwerfen. Daraus lassen sich z.B. Croutons oder Semmelknödel machen.

Als Grundlage für Minispieße und Häppchen eignen sich Polentabrei, der in der Pfanne knusprig angebräunt wird, Pizzateig, Pfannkuchen aus dem Kühlregal oder auch ein frisch zubereitetes Omelett.

Denken Sie auch ans süße Vergnügen und bereiten Sie Spieße aus Früchten und süßen Zutaten zu. Ihre Gäste werden begeistert sein!

(1)

Verwenden Sie beispielsweise Toastbrot. Toasten Sie es einige Minuten unter dem heißen Backofengrill und stechen Sie dann kleine Formen nach Wahl aus. Das Brot lässt sich besser ausstechen, wenn die nicht gebräunte Seite nach oben gelegt wird. Aus einer Scheibe lassen sich vier Formen ausstechen.

(2)

Wenn Sie Mini-Sandwichs, Häppchen oder Spieße mit einheitlicher Form zubereiten wollen, setzen Sie erst die Zutaten aufeinander und stechen Sie dann die Formen aus. Der Zutatenstapel sollte allerdings nicht höher als 4 cm sein.

(3)

Bei Mini-Sandwichs, Häppchen oder Spießen aus unterschiedlichen Formen können Sie Ihrer Fantasie freien Lauf lassen. Spielen Sie mit Farben und Texturen und setzen Sie die einzelnen Zutaten dann aufeinander.

(4)

Viele Früchte wie Mango, Apfel, Birne oder Ananas lassen sich in feine Scheiben schneiden. Beträufeln Sie die Scheiben sofort mit Zitronensaft, damit sie sich nicht braun verfärben. Bei den meisten Gemüsesorten wie etwa Gurke, Zucchini, Aubergine oder Karotte ist dies aber nicht nötig.

(5)

Für eine schöne Präsentation garnieren Sie Ihre Kreationen mit Lachs- oder Forellenkaviar und verschiedenen Kräutern. Stecken Sie Oliven, kleine Tomaten oder Trauben mit einem Cocktailspieß darauf. Zuletzt mahlen Sie noch etwas Pfeffer darüber, fertig!

Warme und kalte Mini-Croques-Monsieur

FÜR 16 STÜCK

VORBEREITEN: 30 Min.
GAREN: 8 Min.

> 10 Scheiben Toastbrot
> 200 g Gruyère, in feinen Scheiben
> 1 Scheibe roher Schinken
> 1 1/2 Scheiben Kochschinken
> 50 g Butter

> Für die kalte Variante 6 Toastbrotscheiben 3 Minuten unter dem vorgeheizten Backofengrill rösten und 24 eckige Formen daraus ausstechen. Aus dem Gruyère, dem rohen Schinken und 1/2 Scheibe Kochschinken je 8 Formen stechen.
> Die Zutaten wie folgt aufeinandersetzen: Toastbrot, Kochschinken, Toastbrot, Käse, roher Schinken und Toastbrot.
> Für die warme Variante einen Sandwichmaker dünn mit Butter einfetten und vorheizen. Zwei Toastbrotscheiben einlegen und je mit 1 Scheibe Käse, 1/2 Scheibe Kochschinken, 1 Scheibe Käse und einer zweiten Brotscheibe bedecken und 5 Minuten toasten.
> Etwa 2 Minuten abkühlen lassen, dann mithilfe einer quadratischen Ausstechform 8 Mini-Croques ausstechen. Mit einem Cocktailspieß feststecken und sofort servieren.

Bündnerfleischhäppchen mit Birne

FÜR 12 STÜCK

VORBEREITEN : 20 Min.
GAREN : 3 Min.

> 3 Scheiben Vollkorntoastbrot
> 1 Birne
> Saft von 1 Zitrone
> 4 Scheiben Bündner Fleisch (ca. 100 g)
> 180 g würziger Käse, in Scheiben geschnitten
> 5 frische Kerbelstängel
> frisch gemahlener Pfeffer

> Die Toastbrotscheiben etwa 3 Minuten unter dem vorgeheizten Backofengrill rösten. Je 4 Kreise daraus ausstechen.
> Die Birne schälen, in feine Scheiben schneiden und mit dem Zitronensaft beträufeln, damit sie nicht braun werden. Aus den Scheiben 12 Kreise ausstechen. Aus dem Bündnerfleisch 24 Kreise ausstechen. Aus dem Käse 12 Kreise und 12 Formen nach Wahl ausstechen.
> Die Zutaten wie folgt aufeinandersetzen: Toastbrot, Käsekreis, Bündnerfleisch, Birne, Bündnerfleisch und Käseform. Mit frisch gemahlenem Pfeffer würzen und mit Kerbelblättchen garnieren.

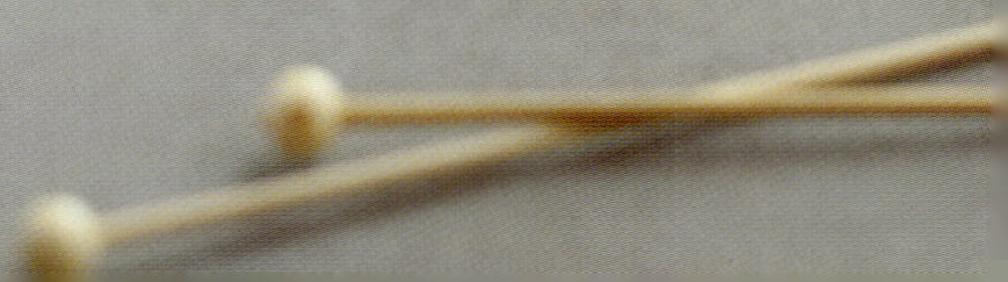

Mini-Pitas mit Kräuteromelett

FÜR 20 STÜCK

VORBEREITEN: 25 Min.
GAREN: 15 Min.

> Erdnussöl
> 3 Pitabrote
> 5 Eier (Größe M)
> 10 Schnittlauchhalme, klein geschnitten
> 20 g Butter
> 1 Handvoll junge, kleine Spinatblätter
> 1 Handvoll kleine Rucolablätter
> Salz und frisch gemahlener Pfeffer

> Einen Sandwichmaker dünn mit Öl einfetten und vorheizen. Die Pitabrote darin 5 Minuten rösten, dann 20 Kreise und/oder Vierecke daraus ausstechen.
> Für das Omelett die Eier in einer Schüssel kräftig verquirlen, Schnittlauch zugeben, salzen. Die Butter in einer Pfanne bei kleiner Hitze zerlassen und die Eier darin etwa 7 Minuten stocken lassen. Das Omelett wenden und weitere 3 Minuten garen.
> Spinat und Rucola waschen und gut trocknen.
> Aus dem Omelett 20 Herz- und Blumenformen ausstechen.
> 10 der Mini-Pitas mit einem Spinatblatt und einem Omelettstück garnieren. Die restlichen Mini-Pitas erst mit Omelettstücken belegen und dann mit einem Rucolablatt garnieren. Mit Pfeffer würzen und sofort servieren.

Würzige Tortilla-Salami-Spieße

FÜR 20 STÜCK

VORBEREITEN: 35 Min.
GAREN: 25 Min.

> 250 g Kartoffeln
> 200 g Salami
> 1 rote Zwiebel
> 5 Eier
> Salz und frisch gemahlener Pfeffer
> 2 EL Pflanzenöl
> Paprikapulver edelsüß

> Die Kartoffeln schälen, in Scheiben schneiden und 5 Minuten in kochendem Salzwasser garen.
> Die Salami in feine Scheiben schneiden und 60 kleine Formen daraus ausstechen. Die Zwiebel schälen und fein hacken.
> Für die Tortilla die Eier in einer Schüssel verquirlen, salzen und pfeffern und kräftig aufschlagen. Das Öl in einer Pfanne erhitzen und die Zwiebel 5 Minuten anbraten. Die abgetropften Kartoffelscheiben gleichmäßig darauf verteilen und die Eiermasse darübergießen. Bei kleiner Hitze 10 Minuten garen. Die Tortilla wenden und von der anderen Seite 5 Minuten garen.
> Aus der Tortilla 20 runde Formen ausstechen und je 3 Salamiformen auf einem Cocktailspieß hineinstecken. Mit Paprikapulver bestäuben und sofort servieren.

Griechische Häppchen

FÜR 32 STÜCK

VORBEREITEN : 20 Min.

> 4 Pitabrote
> 150 g Feta
> 1/2 Salatgurke
> 1/2 Bund frische Minze
> 1 EL Pesto
> 2 EL Olivenöl
> 32 kleine schwarze Oliven
> frisch gemahlener Pfeffer

> Die Brote in je 8 Stücke schneiden.
> Den Feta in 5 mm dicke Scheiben schneiden. 32 kleine Herz- und Blumenformen daraus ausstechen.
> Die Gurke waschen und in Scheiben schneiden. 32 Blumenformen daraus ausstechen. Die Minze waschen, trocken tupfen und die Blätter abzupfen.
> Pesto und Olivenöl in einer Schale glatt rühren.
> Die Pitabrotstücke mit Gurke, Feta und einem Minzeblatt belegen. Mit etwas Pestoöl beträufeln. Die Oliven daraufsetzen und mit einem Cocktailspieß feststecken. Mit gemahlenem Pfeffer würzen und gekühlt servieren.

TIPP : Salzen ist hier nicht nötig. Der Feta ist salzig genug.

Spieße mit Käse, Feigen & Trauben

FÜR 15 STÜCK

VORBEREITEN: 30 Min.

> **150 g Emmentaler**
> **150 g würziger Käse nach Wahl**
> **10 nicht zu reife Feigen**
> **30 Weintrauben**
> **10 Kerbelblätter**
> **frisch gemahlener Pfeffer**

> Die beiden Käsesorten in feine Scheiben schneiden und mit einem Ausstecher nach Wahl 15 Formen daraus ausstechen.

> Die Feigen waschen und in 4 mm dicke Scheiben schneiden. Daraus 30 Formen ausstechen. Im Kühlschrank aufbewahren. Die Trauben waschen und abtropfen lassen.

> Die Zutaten wie folgt auf Spieße stecken: Traube, Feige, würziger Käse, Traube, Feige und Emmentaler. Mit Kerbelblättchen dekorieren und mit Pfeffer würzen. Sofort servieren oder mit Folie abdecken und bis zum Servieren im Kühlschrank aufbewahren.

Gorgonzolahäppchen mit Schinken & Amarenakirschen

FÜR 16 STÜCK

VORBEREITEN : 20 Min.
GEFRIEREN : 8 Min.

> 300 g Gorgonzola
> 4 Scheiben Toastbrot
> 120 g roher Schinken
> 16 Amarenakirschen
> frisch gemahlener Pfeffer

> Den Gorgonzola 8 Minuten ins Gefrierfach legen, damit er fest wird und sich besser schneiden lässt.
> Inzwischen das Brot toasten und daraus 16 Kreise ausstechen.
> Aus dem Schinken 64 runde Formen ausstechen.
> Den Käse aus dem Gefrierfach nehmen, in Scheiben schneiden und 16 Kreise ausstechen.
> Die Zutaten wie folgt aufeinandersetzen: Toastbrot, Gorgonzola, 4 Schinkenscheiben. Je eine Amarenakirsche daraufsetzen und mit einem Cocktailspieß feststecken. Mit gemahlenem Pfeffer würzen und sofort servieren.

Bruschettas mit gegrilltem Gemüse

FÜR 12 STÜCK

VORBEREITEN: 45 Min.
GAREN: 18 Min.
MARINIEREN: 15 Min.

> > ½ rote Paprika
> > ½ grüne Paprika
> > ½ gelbe Paprika
> > 3 Baguettebrötchen
> > 2 kleine Zucchini
> > 4 EL Olivenöl, plus etwas mehr zum Braten
> > 2 Zweige Rosmarin
> > 4 EL Pesto
> > Salz und frisch gemahlener Pfeffer

> Die Paprika waschen. Unter dem vorgeheizten Backofengrill von allen Seiten 10 Minuten grillen, bis die Haut schwarz wird. In einem Gefrierbeutel abkühlen lassen.

> Die Brötchen in je 4 Scheiben schneiden. 3 Minuten unter dem Backofengrill rösten. Die Zucchini waschen, putzen und in 3 mm dicke Längsscheiben schneiden. Mit dem Olivenöl beträufeln. Salzen und pfeffern. Die Rosmarinnadeln darüberstreuen und die Zucchini 15 Minuten marinieren.

> Die Paprika herausnehmen, unter fließend kaltem Wasser abschrecken und die Haut abziehen.

> Die Zucchini in einer Grillpfanne etwa 5 Minuten von beiden Seiten anbraten. Das Paprikafleisch in verschiedene Formen schneiden.

> Die Brote mit Pesto bestreichen, und mit Gemüse belegen. Salzen und pfeffern und sofort servieren.

Polentahäppchen mit Melone

FÜR 20 STÜCK

VORBEREITEN : 25 Min.
GAREN : 13 Min.

> 250 g Instantpolenta
> 1 Honig- oder Cantaloupemelone
> 4 feine Scheiben roher Schinken
> 35 g Butter
> einige Basilikumblätter
> frisch gehobelter Parmesan (nach Belieben)

> Für die Polenta 1 l Salzwasser zum Kochen bringen. Die Polenta unter kräftigem Rühren einrieseln und 5 Minuten quellen lassen. Die Masse auf ein mit Backpapier belegtes Backblech streichen, sodass sie eine Dicke von 1,5 cm hat. Die Polenta erkalten lassen und dann 20 Kreise ausstechen.
> Die Melone halbieren, entkernen und in etwa 3 mm dicke Scheiben schneiden. Mit verschiedenen Ausstechern 20 Formen ausstechen. Den Schinken in feine Streifen schneiden.
> Die Butter in einer Pfanne auf kleiner Stufe zerlassen. Die Polentakreise 8 Minuten anbräunen.
> Die Zutaten wie folgt aufeinandersetzen: Polentakreis, Melone, leicht aufgerollter Schinken, Basilikum. Mit Parmesan garnieren und sofort servieren.

Baguettescheiben mit Mango & Mozzarella

FÜR 16 STÜCK

VORBEREITEN: 30 Min.
GAREN: 18 Min.

> 1 dünnes Roggenbaguette
> 6 dünne Scheiben Räucherspeck
> 1 kleine Mango
> 2 Kugeln Mozzarella
> 16 Blätter Basilikum
> Pfeffer
> 2 EL Olivenöl
> 1 EL Himbeeressig

> Zunächst den Backofen auf 170 °C vorheizen.
> Das Baguette in 16 gleich dünne Scheiben schneiden und 3 Minuten im Toaster anbräunen.
> Die Speckscheiben in 3–4 Streifen schneiden. 15 Minuten im Ofen leicht rösten.
> Die Mango schälen. Das Fruchtfleisch in etwa 3 mm dicke Scheiben schneiden. Daraus 16 beliebige Formen ausstechen. Den Mozzarella abtropfen lassen, in 3 mm dicke Scheiben schneiden. Auch hier 16 Formen nach Wahl ausstechen.
> Die Zutaten wie folgt aufeinandersetzen: Brot, Mango, Mozzarella, Speck und Basilikumblatt. Mit Pfeffer würzen und mit Öl und Himbeeressig beträufeln.

Polentaherzen mit Olivenpaste

FÜR 20 STÜCK

VORBEREITEN : 25 Min.
GAREN : 13 Min.

> 250 g Instantpolenta
> 40 g Butter
> 8 dünne Scheiben Parmaschinken (ca. 150 g)
> 8 getrocknete Tomaten in Öl
> 1 handvoll Basilikumblätter, in feine Streifen geschnitten
> 2 EL Olivenpaste (Tapenade)
> frisch gemahlener Pfeffer

> Für die Polenta 1 l leicht gesalzenes Wasser zum Kochen bringen. Die Polenta unter Rühren einrieseln lassen und 5 Minuten quellen lassen. Die Masse auf ein mit Backpapier belegtes Backblech streichen, sodass sie eine Dicke von 1,5 cm hat. Die Polenta erkalten lassen, dann 20 Herzen aus der Masse ausstechen. Die Butter in einer Pfanne auf kleiner Stufe zerlassen und die Polentaherzen darin 8 Minuten anbraten.

> Aus dem Schinken 20 Formen nach Wahl ausstechen. Auch die getrockneten Tomaten in 20 kleine Stücke schneiden.

> Die Zutaten wie folgt aufeinandersetzen: Polenta, Schinken, Tomate, Basilikum und ein Tupfen Olivenpaste. Mit Pfeffer würzen.

Hähnchen-Curry-Kanapees

FÜR 20 STÜCK

VORBEREITEN: 25 Min.
GAREN: 16 Min.

- 5 Scheiben Toastbrot
- 1 Apfel
- Saft von 1/2 Zitrone
- 4 Hähnchenschnitzel
- 3 EL Olivenöl
- 1 EL Currypaste
- 50 g Schlagsahne, gekühlt
- 1 Msp. Currypulver, plus etwas mehr zum Garnieren

> Das Brot toasten und 20 Kreise ausstechen. Mit Frischhaltefolie abdecken und bis zur Weiterverarbeitung beiseitestellen.
> Den Apfel in dünne Scheiben schneiden und 20 Blumenformen daraus ausstechen. Mit Zitronensaft beträufeln.
> Öl und Currypaste verrühren, die Hähnchenschnitzel damit bestreichen und von jeder Seite 8 Minuten anbraten. Dann erkalten lassen.
> Die Sahne mit dem Currypulver steif schlagen, in einen Spritzbeutel mit Sterntülle füllen. Die kalten Hähnchenschnitzel zu 20 gleich großen Formen schneiden.
> Die Zutaten wie folgt aufeinandersetzen: Toastbrot, Apfel, Hähnchenfleisch und ein Tupfer Sahne. Alles mit einem Cocktailspieß feststecken und mit Currypulver bestäubt servieren.

Lachsspießchen mit Grapefruit & Zucchini

FÜR 12 STÜCK

VORBEREITEN: 35 Min.
MARINIEREN: 15 Min.
GAREN: 10 Min.

> 3 Scheiben Toastbrot
> 1 große Zucchini
> 4 EL Olivenöl
> Salz und frisch gemahlener Pfeffer
> 1 Grapefruit
> 120 g Räucherlachs in Scheiben
> 12 kleine schwarze Oliven

> Die Brotscheiben toasten, dann 12 Kreise daraus ausstechen.
> Die Zucchini waschen und längs in 4 mm dicke Scheiben schneiden. Auf einen Teller legen und mit dem Olivenöl beträufeln. Salzen und pfeffern, dann etwa 15 Minuten im Kühlschrank marinieren.
> Die Grapefruit in 5 mm dicke Scheiben schneiden und 12 Kreise daraus ausstechen. Aus dem Lachs ebenfalls 12 Kreise ausstechen.
> Die Zucchini in einer Grillpfanne 3–5 Minuten von beiden Seiten anbraten. Dann erkalten lassen und 24 Formen nach Wahl ausstechen.
> Die Zutaten wie folgt auf Cocktailspieße stecken: Lachs, Zucchini, Grapefruit, Zucchini, Toastbrot und Olive. Mit Pfeffer würzen.

Puten-Zucchini-Kanapees

FÜR 12 STÜCK

VORBEREITEN: 20 Min.
MARINIEREN: 15 Min.
GAREN: 16 Min.

> 3 Scheiben Toastbrot
> 1 Zucchini
> 4 EL Olivenöl, plus etwas zum Braten
> Salz und frisch gemahlener Pfeffer
> 3 dünne Putenschnitzel
> 2 EL Mayonnaise
> 2 EL Ketchup

> Die Brotscheiben toasten, dann 12 Kreise daraus ausstechen.
> Die Zucchini waschen und längs in 4 mm dicke Scheiben schneiden. Auf einen Teller legen, mit Olivenöl beträufeln und salzen und pfeffern. 15 Minuten im Kühlschrank marinieren; anschließend 12 Kreise daraus ausstechen.
> Die Putenschnitzel in einer Pfanne in etwas Olivenöl etwa 8 Minuten von jeder Seite anbraten. Erst abkühlen lassen, dann 12 Kreise ausstechen.
> Die Zutaten wie folgt aufeinandersetzen: Toastbrot, Zucchini und Putenfleisch. Dann mit einem Klecks Mayonnaise oder Ketchup garnieren. Lauwarm servieren.

Mini-Pfannkuchen mit Lachs & Gurke

FÜR 24 STÜCK

VORBEREITEN: 15 Min.

> 4 Pfannkuchen (Kühlregal)
> 1 Avocado
> 1/2 Salatgurke
> Saft von 1/2 Zitrone
> 2 große Scheiben Räucherlachs
> 100 g Schlagsahne, gekühlt
> frisch gemahlener Pfeffer
> einige Dillstängel

> Aus den fertigen Pfannkuchen insgesamt 24 Kreise ausstechen.
> Avocado und Gurke schälen und in Scheiben schneiden. Die Avocado mit dem Zitronensaft beträufeln. Je 24 Formen nach Wahl aus Avocado- und Gurkenscheiben ausstechen. Den Räucherlachs in feine Streifen schneiden.
> Die Sahne pfeffern und steif schlagen.
> Die Zutaten wie folgt aufeinandersetzen: Pfannkuchen, Gurke, Avocado und Räucherlachs.
> Einen Tupfen Schlagsahne daraufsetzen. Mit Dillspitzen garnieren und gekühlt servieren.

Mini-Pitas mit Hühnchen & Avocado

FÜR 20 STÜCK

VORBEREITEN: 25 Min.
GAREN: 21 Min.

> Erdnussöl
> 3 Pitabrote
> 2 nicht zu reife Avocados
> Saft von 1 Zitrone
> 4 Putenschnitzel (ca. 450 g)
> Salz und frisch gemahlener Pfeffer
> einige Minzeblätter

> Einen Sandwichmaker dünn mit Erdnussöl einfetten. Die Pitabrote 5 Minuten im Sandwichmaker rösten, dann 20 Kreise daraus ausstechen. Mit Frischhaltefolie abdecken und beiseitestellen.
> Die Avocados schälen und entsteinen. Das Fruchtfleisch in 5 mm dicke Scheiben schneiden, 20 Blumenformen daraus ausstechen und mit Zitronensaft beträufeln.
> Die Putenschnitzel salzen und pfeffern und in einer Pfanne in Erdnussöl etwa 8 Minuten von jeder Seite braten. Erkalten lassen, dann 20 Kreise daraus ausstechen.
> Die Zutaten wie folgt aufeinandersetzen: Pitabrot, Avocado, Schnitzel und Minzeblatt. Mit Cocktailspießen feststecken und mit frisch gemahlenem Pfeffer würzen. Sofort servieren.

Häppchen mit Rettich & Räucherlachs

FÜR 20 STÜCK

VORBEREITEN: 20 Min.

> 1 kleiner Rettich
> 5 Scheiben Räucherlachs
> 100 g Schlagsahne, gekühlt
> $^{1}/_{2}$ Bund Schnittlauch
> frisch gemahlener Pfeffer

> Den Rettich waschen, in dünne Scheiben schneiden und 40 Kreise daraus ausstechen. Die Kreise in eine Schüssel mit Wasser und Eiswürfeln geben und beiseitestellen.
> Aus den Lachsscheiben 40 Herz- und Blumenformen ausstechen.
> Die Sahne steif schlagen. In einen Spritzbeutel mit Sterntülle füllen.
> Die Rettichscheiben abtropfen lassen. Den Schnittlauch waschen, gut trocknen und anschließend klein schneiden.
> Die Zutaten wie folgt aufeinandersetzen: Rettich, Lachs, ein Klecks Schlagsahne, Rettich und Lachs. Mit Schnittlauch garnieren. Mit Pfeffer würzen und sofort servieren oder bis zum Servieren im Kühlschrank aufbewahren.

Gewürzbrotkanapees mit Leberpaté

FÜR 20 STÜCK

VORBEREITEN : 30 Min.

> 250 g Gewürzbrot
> 200 g Leberpaté
> 20 g Ingwerpflaumen in Sirup
> 2 getrocknete Aprikosen
> 4 EL Feigen- oder Ingwerkonfitüre
> 20 Kerbelblätter
> frisch gemahlener Pfeffer

> Das Gewürzbrot zuerst in Scheiben schneiden und dann 20 Kreise daraus ausstechen.
> Die Leberpaté in dicke Scheiben schneiden und 20 unterschiedliche Formen daraus ausstechen.
> Ingwerpflaumen und Aprikosen klein würfeln.
> Die Zutaten wie folgt aufeinandersetzen: Gewürzbrot, Konfitüre, Paté, Ingwer oder Aprikosen. Mit Kerbelblättchen garnieren. Mit Pfeffer würzen und sofort servieren oder mit Frischhaltefolie abgedeckt bis zum Servieren im Kühlschrank aufbewahren.

VARIANTE : Aprikosen und Ingwer können je nach Jahreszeit durch frische Feigen ersetzt werden.

Mini-Pizzas mit Birne & Mozzarella

FÜR 24 STÜCK

VORBEREITEN : 30 Min.
GAREN : 15 Min.

> 2 nicht zu reife Birnen
> Saft von 1 Zitrone
> 1 dünner Pizzateigboden (Fertigprodukt)
> 100 g Doppelrahmfrischkäse
> 24 kleine Mozzarellakugeln
> frisch gemahlener Pfeffer
> 3 EL frische Schnittlauchröllchen

> Zunächst den Backofen auf 210 °C vorheizen.
> Die Birnen schälen und in 4 mm dicke Scheiben schneiden. Daraus 24 unterschiedliche Formen ausstechen, mit Zitronensaft beträufeln und kalt stellen.
> Den Pizzateig auf einem Backblech ausrollen und mehrmals mit einer Gabel einstechen. Mit Backpapier belegen und mit getrockneten Hülsenfrüchten beschweren. Im vorgeheizten Ofen 15 Minuten backen. Backpapier und Hülsenfrüchte entfernen und 24 Kreise aus dem Teig ausstechen.
> Die Teigkreise mit Frischkäse bestreichen und mit einer Birnenscheibe belegen. Eine Mozzarellakugel daraufsetzen und mit einem Cocktailspieß feststecken. Mit Pfeffer würzen und mit Schnittlauch garnieren. Sofort servieren.

Mini-Pitas mit Garnelen & Currysahne

FÜR 20 STÜCK

VORBEREITEN: 25 Min.
GAREN: 5 Min.

> Erdnussöl
> 3 Pitabrote
> 1/2 Salatgurke
> 3 Kiwis
> 100 g Schlagsahne, gekühlt
> 2 TL Currypulver
> 20 kleine, gegarte Garnelen
> 20 Dillspitzen

> Einen Sandwichmaker mit Öl einfetten. Die Pitabrote darin 5 Minuten rösten, dann 20 Kreise daraus ausstechen.
> Gurke und Kiwis schälen, in 3 mm dicke Scheiben schneiden und je 20 Formen daraus ausstechen.
> Die Sahne in eine kleine Schüssel geben, das Currypulver hinzufügen und mit einem elektrischen Handrührgerät steif schlagen. Die Currysahne in einen Spritzbeutel mit Sterntülle füllen.
> Die Garnelen abspülen, trocken tupfen und auslösen.
> Die Zutaten wie folgt aufeinandersetzen: Pitabrot, Gurke, Kiwi und ein Klecks Currysahne. Mit je einer Garnelen und einer Dillspitze garnieren. Sofort servieren oder bis zum Servieren kalt stellen.

Bunte Fruchthäppchen

FÜR 25 STÜCK

VORBEREITEN : 30 Min.

> 1 Ananas
> 2 Papayas oder
1 Cantaloupe-Melone
> 25 Minzeblätter
> 25 Weintrauben
> 2 EL brauner Zucker

> Die Ananas schälen und in 2 cm dicke Scheiben schneiden. Aus dem Fruchtfleisch 25 Kreise ausstechen.

> Die Papayas halbieren, entkernen und in 1 cm dicke Scheiben schneiden. 25 Blumenformen aus dem Fruchtfleisch ausstechen.

> Die Zutaten wie folgt auf Cocktailspieße stecken: Traube, Minze, Papaya und Ananas. Die Häppchen mit braunem Zucker bestreuen und gut gekühlt servieren.

TIPP : Je nach Anlass können Sie Spieße mit kleinen Buchstaben- oder Zahlenkerzen verwenden.

HAPPY

Süße Fruchtspieße

FÜR 15 STÜCK

ZUBEREITEN : 20 Min.

> 15 Himbeeren
> 10 große Erdbeeren
> 1 Cantaloupe-Melone
> 15 Schaumzucker-Erdbeeren
> 15 kleine Marshmallows

> Himbeeren und Erdbeeren waschen und auf Küchenpapier trocknen. Die Erdbeeren in Scheiben schneiden und 30 unterschiedliche Formen daraus ausstechen.

> Die Melone halbieren, entkernen, in 5 mm dicke Scheiben schneiden und aus dem Fruchtfleisch 30 Formen nach Wahl ausstechen.

> Die Zutaten wie folgt auf Holzspieße stecken: Schaumzucker-Erdbeere, frische Erdbeere, Melone, Marshmallow, frische Erdbeere, Melone und Himbeere. Die Fruchtspieße sofort servieren.

TIPP : Für eine farbenfrohe Präsentation können Sie den Servierteller mit buntem Streuzucker verzieren.

Crêpes-Türmchen mit Früchten

FÜR 30 STÜCK

VORBEREITEN : 40 Min.
GAREN : 2 Min.
pro Crêpe

> 3 Eier
> 1 Prise Salz
> 150 g Weizenmehl
> 2 Päckchen Vanillezucker
> 1 EL Pflanzenöl
> 200 ml Milch
> 50 ml Bier (nach Belieben)
> 3 Kiwis
> ½ Netz- oder Cantaloupemelone
> ½ Mango
> 6–7 große Erdbeeren (etwa 200 g)
> 20 g Butter
> 1 EL Zucker

> Für den Crêpes-Teig Eier und Salz in einer Schüssel verquirlen. Nach und nach das Mehl einarbeiten. Vanillezucker, Öl, Milch und Bier unterrühren. Den Teig 20 Minuten ruhen lassen. Kiwis, Melone und Mango schälen und ebenso wie die Erdbeeren in Scheiben schneiden, dann mit einem Ausstecher Formen daraus ausstechen.

> Eine leicht gebutterte Pfanne erhitzen und eine Kelle Crêpes-Teig hineingießen. Durch Schwenken darin verteilen und 1 Minute garen. Die Crêpe wenden und 1 weitere Minute garen. Auf diese Weise insgesamt 8 Crêpes backen. Dann Formen daraus ausstechen.

> Die Zutaten wie folgt auf Cocktailspieße stecken: Melone, Kiwi, Crêpes, Mango und Erdbeere. Mit Zucker bestreuen und sofort servieren.

Kuchenhäppchen

FÜR 30 STÜCK

VORBEREITEN : 20 Min.

> 1 Zitronenrührkuchen (etwa 400 g)
> 1 Banane
> Saft von 1 Zitrone
> 1 grüner Apfel
> 10 große Erdbeeren
> 2 EL rote Konfitüre
> 2 EL Zucker

> Den Kuchen in 2 cm dicke Scheiben schneiden. 30 Formen nach Wahl daraus ausstechen.
> Die Banane schälen, in 30 Scheiben schneiden und mit der Hälfte des Zitronensafts beträufeln.
> Den Apfel schälen, in Scheiben schneiden und daraus 30 Formen nach Wahl ausstechen. In eine Schüssel geben, die Bananenscheiben zufügen und alles mit dem restlichen Zitronensaft beträufeln.
> Die Erdbeeren waschen, in dicke Scheiben schneiden und 30 Formen daraus ausstechen.
> Die Zutaten wie folgt aufeinandersetzen: Kuchen, Apfel, Erdbeere und Banane. Mit einem Cocktailspieß feststecken, mit einem Tupfen Konfitüre garnieren und mit Zucker bestreuen. Die Kuchenhäppchen bis zum Servieren kalt stellen.

ISBN: 978-3-572-08123-3

Originaltitel: L`atelier mini Sandwichs

Umschlag- und Boxgestaltung: Atelier Versen, Bad Aibling
Projektleitung: Anja Halveland
Übersetzung: Lisa Voges, Ravensburg
Realisierung der deutschen Ausgabe:
trans texas publishing, Köln

Die Ratschläge in diesem Buch sind von der Autorin und vom Verlag sorgfältig erwogen und geprüft, dennoch kann eine Garantie nicht übernommen werden. Eine Haftung der Autorin bzw. des Verlags und seiner Beauftragten für Personen-, Sach- und Vermögensschäden ist ausgeschlossen.

Satz: trans texas publishing, Köln
Druck: Starlite, HK

Printed in China

FSC
www.fsc.org
MIX
Paper from responsible sources
FSC® C005224

Das für dieses Buch verwendete Papier ist FSC©-zertifiziert.

817 2635 4453 6271